AF339774

DE LA FORMATION

DU PUBLIC EN FRANCE

DE LA FORMATION

DU PUBLIC EN FRANCE

PAR

M. SAINT-MARC GIRARDIN

(De l'Académie française)

PARIS

(BIBLIOTHÈQUE LIBÉRALE)

LIBRAIRIE DEGORCE-CADOT

37, RUE SERPENTE

1869

DE LA FORMATION

DU PUBLIC EN FRANCE

Mesdames, Messieurs,

Personne n'a désiré plus vivement que moi ces grands auditoires, et personne cependant, je dois le dire, n'a jamais été plus intimidé que je ne le suis en ce moment. Est-ce un mouvement de vanité inquiète? Non! et pourtant, si notre éloquent président me permettait de lui faire une petite confession à ce propos, je lui dirais qu'il a augmenté singulièrement l'embarras que je ressens par les éloges trop bienveillants qu'il m'a donnés, et que j'attribue aux bons sentiments d'un ancien élève à l'égard de son vieux professeur.

Est-ce, je le répète, un sentiment de vanité qui me trouble? Non. Mais j'ai une très-haute idée de l'œuvre que nous entreprenons en commun, et je crains

de rester inférieur à ma tâche. En effet, que faisons-
nous ? Nous voulons créer un public, un grand
public français venu de tous les points de l'horizon
populaire ; nous voulons créer un public conforme à
nos nouvelles institutions, et, pour dire toute ma
pensée d'un mot, le public du suffrage universel.

Une société politique, Messieurs, n'a toute sa
valeur que lorsqu'à côté d'elle, à côté de ce que j'appelle le peuple légal, il y a un public intelligent et
ardent qui donne aux institutions la vie et la pra-
tique libérale qu'elles doivent avoir.

Nous avons eu, Messieurs, dans le cours de notre
histoire, bien des temps où les institutions étaient
mauvaises. Ainsi, sous Louis XV, — on ne dira pas
que je cherche à rencontrer le présent, — sous
Louis XV, nous avons eu le spectacle de la décadence
des institutions et de l'affaiblissement des mœurs.
Qu'est-ce donc alors qui relève la France ? Qu'est-ce
qui fait qu'elle s'achemine vers ses destinées
de 1789 ? qui ? Le public, Messieurs ! Et tandis que la
société légale tombe et décline chaque jour davan-
tage, le public s'élève par le commerce perpétuel
des lettres et de la philosophie, et se prépare à ce
que j'appellerai son grand avénement de 1789.

Ces paroles, Messieurs, indiquent le sujet de notre
entretien : un coup d'œil historique très-rapide jeté
sur la formation du public en France au xviie siècle,
aux viiie siècle et même de nos jours. Je dois indiquer
en quelques mots l'ordre que je compte suivre dans
le développement de mes idées.

Comment d'abord, — et ce sera le premier point
que j'essayerai de toucher, — comment faut-il
entendre ces deux noms d'une même chose, le peuple

et le public ? Comment, au xviie siècle, le public,
déjà formé, s'est-il plus visiblement manifesté ? Comment, au xviiie siècle, est-il devenu plus grand, plus
nombreux, plus ardent encore, et enfin qu'est-il de
nos jours ?

Je commence, Messieurs, par la première question. De ces deux mots : le public et le peuple, quel
est celui qui désigne la plus grande force, la plus
grande puissance ? Le peuple est un pouvoir réel,
officiel, légal ; il a ses fonctions, il a sa part dans la
constitution, et c'est pour cela que j'ai à peine le
droit d'en parler.

Au contraire, le public est une autorité morale ; il
juge, il apprécie, il estime : tout est de sa compé-
tence, prose et vers, statues et tableaux, belles et
bonnes actions ; personne ne conteste sa juridiction.
Le peuple, je le répète, a sa fonction dans l'Etat, et
nous savons où le peuple vote, où ses suffrages sont
rassemblés, comptés, proclamés, produisant des
effets différents, selon l'oracle rendu par le scrutin,
oracle tantôt plein de sincérité et de grandeur, mais
quelquefois aussi oracle dans lequel on peut croire
que la Pythonisse s'est un peu inspirée de l'esprit
du grand-prêtre. Le public, au contraire, ah ! Messieurs, si je me laissais aller à ma pensée... le public
a un bien grand mérite, un bien grand bonheur, il
n'a pas de fonctions, aucune fonction. Où vote-t-il ?
où juge-t-il ? Ici, ailleurs, partout où il lui plaît de
s'assembler. Le public, c'est vous, c'est moi, c'est
tout le monde, et ici, Messieurs, j'entre dans un
autre ordre d'idées.

Oui, le public, c'est tout le monde, et j'ose même
dire que c'est plus tout le monde que le suffrage

universel lui-même, car dans le public, les femmes
ont droit de cité, elles votent, elles jugent, elles
apprécient, et par conséquent elles donnent aux suffrages du public un caractère plus général qu'au
suffrage universel lui-même. C'est sur ce point que
je demande la permission de dire quelques mots,
me conformant à l'appellation même par laquelle
j'ai débuté : Mesdames, Messieurs ! Question déli-
cate, assurément, et dont je me détournerai le plus
vite que je pourrai. Je dirai seulement que je ne
sais pas bien ce que le suffrage universel gagnerait
si les femmes votaient dans nos assemblées électora-
les ; je n'en sais rien ; mais je dis avec une bien plus
grande certitude que je sais, quant à moi, ce que per-
drait le public si les femmes ne prenaient pas part
sans cesse à ses jugements et à ses appréciations. Eh!
Messieurs, vous rendez-vous bien compte de ce que
serait, de ce que pourrait être un public tout barbu?
C'est affreux à penser. Oui! cette apparition d'un
public tout barbu m'inquiète et m'effraye, parce
qu'il me semble voir à l'instant même je ne sais
combien d'idées pures, délicates, élevées qui s'en-
fuient du sein de ce public disgracié. Que vont
devenir, en effet, les poètes et les romanciers, les
peintres, les musiciens, tous les enchanteurs qu'elles
inspirent? Et ces bonnes actions qui traversent le
monde, qui consolent l'humanité, qui sans cesse
viennent nous avertir de ne pas désespérer de notre
condition ici-bas ; ces belles et bonnes actions, est-
ce qu'elles ne vont pas perdre à l'instant même leur
plus chère récompense, un sourire d'encouragement,
une larme d'émotion et de sympathie? J'allais
oublier les misères, les souffrances, les chagrins qui

traversent la vie de chacun de nous ! Otez la femme, ôtez-la du milieu du public, qui donc nous enseignera la pitié? qui donc nous enseignera la sympathie? qui donc égalera les compassions, sinon les secours, aux misères? Messieurs, je ne veux pas me brouiller avec l'autre partie du public que vous représentez. Je suis disposé à lui faire une grande part, oui, grande et noble; vous représentez les sentiments généreux et fermes, et, pour en nommer un seul, vous représentez la justice; mais je veux qu'à côté de la justice vienne encore la miséricorde, et c'est pour cela que la Providence a voulu que le public se composât à la fois d'hommes et de femmes.

S'il y a, parmi mes auditeurs, des personnes curieuses, elles me diront peut-être : « Si vous aviez à choisir entre les deux publics, le quel prendriez-vous? » Vous voulez m'embarrasser. Je réponds à l'instant même : « Je ne suis pas forcé de choisir; en morale, je garde le *statu quo* de l'humanité. » Nous prêtons aux femmes quelques-unes de nos qualités, elles nous prêtent les leurs; c'est par là que le public en vaut mieux et représente l'humanité dans son expression la plus grande à la fois et la meilleure.

Messieurs, vous voyez comment est, en quelque sorte, constitué et composé ce gouvernement invisible, ce corps qu'on ne peut saisir nulle part, qui s'appelle le public. Maintenant que nous avons vu son organisation, permettez-moi de dire un mot sur son genre d'action.

Comment agit-il, comment exerce-t-il son pouvoir? Je prendrai, Messieurs, un des actes les plus éclatants et les plus significatifs de sa puissance. Cette langue que nous parlons tous, cette langue qui a

produit notre grande littérature, cette langue que nos
grands auteurs ont popularisée dans toute l'Europe,
qui donc l'a faite ? Quelques personnes trop polies me
disent quelquefois que c'est l'Académie française qui
fait la langue. Non, Messieurs, ce n'est pas l'Académie française, c'est vous, c'est le peuple, hommes
et femmes, c'est-à-dire le public. Les académiciens,
je me hâte de définir leur office, les académiciens ne
sont que vos notaires ; ils enregistrent vos volontés,
ils écrivent sous votre dictée, ils n'inventent rien :
c'est vous qui inventez, c'est vous qui créez. Nous,
en notaires attentifs et diligents, nous ne faisons que
chercher à constater vos volontés. Comment nous y
prenons-nous? Le voici : nous demandons au public
d'avoir, en fait de mots, la même volonté pendant dix
ou vingt ans, et quand nous avons soumis les mots à
cette espèce de noviciat ou de stage, alors nous les ad-
mettons, croyant qu'ils ont véritablement le caractère
qui doit leur appartenir, c'est-à-dire de sortir du cœur
et de l'esprit même du peuple. Quand, par exemple,
il y a dans la société un ridicule, un abus, un tra-
vers qui éclate, à l'instant même le peuple, le public, marque ce ridicule d'un mot nouveau qui le
désigne et qui le caractérise. Qu'arrive-t-il? De deux
choses l'une : ou bien le ridicule que vous avez ainsi
marqué par un mot nouveau tombe et disparaît, et
alors le mot tombe aussi, ou bien il subsiste, et le
mot alors subsiste. Voilà, Messieurs, quel est le
secret de ce grand acte, de cette grande création du
public français que nous appelons la langue française. S'il n'y avait pas le triage que je viens d'indiquer, qu'arriverait-il? Vous allez tous au-devant de
ma pensée; quelle confusion! Hier, aujourd'hui,

demain, sans cesse il s'élève des mots nouveaux. Ces mots nouveaux, les mettrons-nous aussitôt, et sans prendre l'avis du temps, dans le dictionnaire de la langue française? Mais quoi! si les choses passent et si les mots restent , le dictionnaire de notre langue deviendra, au bout de quelques générations, un magasin de vieux meubles, et les générations même ne pourront plus s'entendre de l'une à l'autre.

J'ai tenu, Messieurs, après avoir caractérisé la constitution et l'organisation même du public, à montrer ce qui est un de ses plus grands actes et ce que j'appelle son plus grand et son plus beau monument, notre langue elle-même.

Je passe de ces explications à quelques réflexions sur le public du xviie siècle. Dès le xviie siècle, le public commence à manifester la vocation et la passion qu'il a pour les opprimés, la vocation et la passion qu'il a pour résister aux superbes. Il y avait un grand poète qui s'appelait Corneille. Il avait fait une admirable tragédie qui s'appelait *le Cid*. Il y avait en même temps un grand ministre qui s'appelait Richelieu. Corneille n'avait pas pris les ordres de Richelieu pour créer *le Cid*, il avait eu du génie sans l'ordre et l'autorisation du gouvernement. Richelieu, lequel était un grand centralisateur, ne co ncevait pas que quelque chose pût se faire en dehors de son influence : tout ce qui n'était pas fait pour lui et par lui était fait contre lui. Il prit de l'humeur contre *le Cid*. Ici, Messieurs, j'aime mieux m'en rapporter à vos souvenirs et vous réciter quelques vers de Boileau, que vous savez aussi bien que moi.

> En vain contre *le Cid* le ministre se ligue ;
> Tout Paris pour Chimène a les yeux de Rodrigue.
> L'Académie en corps a beau le censurer,
> Le public révolté s'obstine à l'admirer.

Messieurs, ce qui fait que j'ose vous parler ainsi de cette insurrection du public contre Richelieu, c'est qu'elle a eu un succès tout particulier. Richelieu n'a jamais passé pour un homme compatissant et doux. Quiconque s'élevait si peu que ce fût contre lui était sûr d'aller vivre en prison ou de disparaître de ce monde. Contre la révolte du public, Richelieu, Laubardemont, son agent principal, tous ses ministres, tous ses satellites, tous ses geôliers échouèrent ; pourquoi ? C'est, Messieurs, qu'il y a quelqu'un qu'on ne peut jamais mettre en prison, c'est le public.

A ce propos, comme nous ne sommes pas ici pour nous flatter, laissez-moi vous dire que le public est bien à son aise, sachant qu'on ne peut pas le mettre en prison. C'est là peut-être ce qui fait son indépendance, diront les gens qui aiment en général à donner tort au public. Eh bien ! oui, c'est là ce qui fait son indépendance. Mais, quant à moi, je la bénis, parce que cette indépendance, ce n'est pas l'indépendance de celui-ci ou de celui-là, c'est l'indépendance de tout le monde, et quand chacun s'appuie ainsi sur son voisin, que ce sont les mêmes pensées dans tous les cœurs, les mêmes idées dans tous les esprits, alors je ne crains plus Richelieu, et je bénis cette indépendance qui fait que le public, en échappant à toutes les contraintes et à toutes les mains-fortes possibles, représente, par conséquent, toutes les libertés impérissables.

Messieurs, du XVIIe siècle passons rapidement

au XVIIIᵉ. Le XVIIIᵉ siècle, c'est le plus grand règne
du public. Jamais le public n'a tant régné qu'au
XVIIIᵉ siècle. Ici, permettez au vieux professeur de
littérature de faire une réflexion : « Point de public
sans littérature, et, d'un autre côté, point de littérature sans public. »Toutes les fois qu'il y a un grand
public il y a une littérature, et toutes les fois qu'il y a
une littérature, il y a aussi un grand public. Ne vous
étonnez donc pas que le public soit grand partisan de
la liberté de la presse. Il sait que la littérature, sous
toutes formes, est en quelque sorte sa nourriture perpétuelle ; que c'est là qu'il va chercher sa force et sa
puissance. De même que la littérature est sans cesse
alimentée par l'inspiration du public, de même aussi
le public est sans cesse alimenté par les sentiments
et par les pensées qui jaillissent de la littérature.

Voltaire, dont notre président (1) a si bien parlé,
Voltaire adressait un jour une épître en vers au roi
de Danemark, qui venait de donner à son peuple
la liberté de la presse. Ce roi était un de ces rois
clients de Voltaire, comme il en avait plusieurs, et
Voltaire lui écrivait :

> Qui du sein de son puits, tirant la Vérité,
> A su donner une âme au public hébété ?

J'hésitais en arrivant au dernier mot ; mais je
suis forcé de dire à tous ceux d'entre nous qui lisent
ou qui liront Voltaire, qu'il y a pour lui deux sortes
de public français : les Welches, espèce de barbares,
c'est le public qui n'applaudit pas assez ses tragédies ;
le public, au contraire, qui a applaudi, ce sont les

_____
(1) M, Pelletan.

Athéniens. Mettons donc au compte des Welches le
public hébété,

> Qui du sein de son puits, tirant la Vérité,
> A su donner une âme au public hébété ?
> Les livres ont tout fait,....

répond-il.

Je ne suis pas assurément de ceux qui médisent des
personnes qui font des livres, non ; mais quoique je
sois convaincu que les livres font beaucoup , je suis
encore plus convaincu que les lecteurs, et surtout les
lecteurs penseurs et causeurs, font plus que les livres.
C'est une grande erreur de croire que ce commerce,
cette communication, ce dialogue qui s'appelle l'éloquence, appartient seulement à celui qui parle ; l'éloquence appartient aussi (et croyez-en, je vous en prie,
mes trente-cinq ans d'expérience) à ceux qui écoutent.
Il vient de l'auditoire je ne sais quel souffle, je ne sais
quelle inspiration ; on se sent vivre ensemble, on se
sent parler, penser de la même manière ; et la véri-
table éloquence, Messieurs, est celle qui se dégage
à la fois de l'âme d'un individu profondément convaincu et des âmes de ceux qui l'écoutent avec les
mêmes sentiments et les mêmes espérances. Si donc,
Messieurs, les livres font beaucoup, les lecteurs, et
les lecteurs penseurs et causeurs, — c'est ceux-là
que j'aime particulièrement, — font plus encore.
Parmi nos pères et nos grands-pères, il y avait peut-
être moins de bacheliers ès lettres que de nos jours ;
mais nos pères et nos grands-pères étaient grands lecteurs, grands causeurs, et lecteurs de grands écrivains, ce qui est encore une circonstance dont il faut
tenir compte dans la formation du public. C'est de
cette manière que s'est faite, au XVIIIe siècle, l'éduca-

tion du grand public français, ce public du XVIIIᵉ siècle d'où sont sortis les généreux députés qui, à Versailles, ont prêté le serment du Jeu de paume et inauguré la liberté en France ; ce public d'où sont sorties nos armées de 1792, qui plantèrent sur la frontière le drapeau national, le drapeau tricolore, tout nouveau , et auquel elles allaient donner tant de gloire pour racheter en quelque sorte sa nouveauté. Bénissons donc, Messieurs, ce public du XVIIIᵉ siècle, qui a su enfanter à la fois, et presque dans le même jour, l'éloquence libérale et le patriotisme guerrier, oui, guerrier, mais défensif et profondément national.

Messieurs, c'est un spectacle bien consolant et bien fortifiant, quand on jette un coup d'œil sur le XVIIIᵉ siècle, de voir comment les vœux, les souhaits et même les utopies d'amélioration circulent alors partout, et combien, parmi ces vœux, il y en a qui se sont accomplis ou qui sont en train de s'accomplir. Je ne prends pas les vœux de nos plus grands écrivains, de Montesquieu, de Voltaire, de Jean-Jacques Rousseau, de Mirabeau, non! je prendrai des écrivains plus obscurs, plus médiocres, et qui, ne dépassant guère le niveau du public, le représentent mieux. Vous vous souvenez comment, dimanche dernier, M. Jules Simon, que je voudrais bien ne pas avoir à côté de moi, parce que cela me gêne pour dire tout ce que je pense de son discours et combien il a gravé dans mon esprit les souvenirs d'une éloquence admirable, vous vous souvenez, dis-je, comment au nom du stoïcisme, de cette grande et austère philosophie de l'antiquité, il flétrissait la passion de la guerre, comment il maudissait Alexandre tant célébré dans l'histoire. En l'écoutant, je me souvenais de mon Boileau. Quoiqu'il écrivît sous Louis XIV, un roi conquérant, savez-vous comment Boileau parlait des conquérants et d'Alexandre?

> Qui? Cet écervelé qui mit l'Asie en cendre,
> .... Ce fou qui, de sang altéré,
> Maître du monde entier, s'y trouvait trop serré.

Mais je me souvenais surtout du bon abbé de Saint-Pierre, qui vivait au xviiie siècle. C'était un écrivain médiocre, je le reconnais ; je vais pourtant vous parler de lui et j'en dirai beaucoup de bien. Aussi je vous supplie, si vous voulez m'accorder quelque bienveillance, de vouloir ne pas le lire aussitôt après mes éloges, parce qu'à l'instant même vous me soupçonneriez de complaisance pour les hommes et les opinions que j'aime. Je ne m'en défends qu'à moitié.

Eh bien, l'abbé de Saint-Pierre prêchait la paix perpétuelle. La paix perpétuelle, que de moqueries! Voltaire était au premier rang. C'était son rôle d'être partout au premier rang des moqueurs et de ne pas souffrir qu'on se moquât jamais de lui. Jean-Jacques Rousseau lui-même, quand il faisait l'analyse du projet de la paix perpétuelle, s'en moquait comme les autres. Enfin l'abbé de Saint-Pierre ayant écrit au grand philosophe allemand, Leibnitz, celui-ci lui répondit par une lettre que je vous demande, Messieurs, la permission de vous lire en partie, pour que vous voyiez comment, à cette époque, on accueillait ceux qui avaient la fantaisie de la paix perpétuelle. Voici cette lettre :

« Il n'y a que la volonté qui manque aux hommes pour se délivrer d'une infinité de maux. Pour faire cesser la guerre, il faudrait qu'un autre Henri IV avec quelques grands princes de son temps goûtât votre projet. Le mal est qu'il est difficile de le faire entendre aux grands princes, un particulier n'oserait s'y émanciper et j'ai même peur que de petits souverains n'osent pas le proposer aux grands... »

Les petits souverains auraient pourtant bien tort de ne pas faire quelques efforts en faveur de la paix perpétuelle, car j'ai remarqué que dans l'hitoire, et je n'exclus aucun temps, il n'y a jamais une guerre qui finisse sans qu'il y ait deux ou trois petits souverains qui disparaissent. Je reprends : « ..... J'ai même peur que de petits souverains n'osent pas le proposer aux grands; un ministre le pourrait peut-être faire à l'article de la mort.. » Voltaire dit quelque part dans un vers qui me revient à la mémoire :

Il touchait au moment où l'homme ne ment plus.

C'est pour cela que le ministre pourrait faire à ce moment sa proposition.

« ..... Un ministre pourrait peut-être le faire à l'article de la mort; cependant il peut être toujours bon d'en informer le public; quelqu'un en pourra être touché, quand on y pensera le moins. »

Eh bien! Messieurs, j'ose dire que parmi vous, j'en suis sûr, il y en a beaucoup qui sont ce quelqu'un-là Oui, peu importe qu'on n'y ait pas toujours pensé; ce qu'il faut, c'est qu'à certains moments on y pense, et, comme le disait encore M. Jules Simon, quand il parlait de la gloire, à Dieu ne plaise qu'il faille la détruire, — ce n'est pas son intérêt, — mais il faut la déplacer, et il

avait raison ; il faut déplacer la gloire, c'est-à-dire
la transporter aux arts de la paix, ne pas supprimer
les armées et les camps qui défendent la patrie,
mais ne pas trop admirer les merveilles des canons
et des fusils, dont le progrès est de tuer le plus
d'hommes possible dans le moins de temps possible.

Quand on transporterait un peu de gloire à ces
arts de la paix, à nos grands ateliers, à nos grandes
usines, où serait le mal? Les usines, les ateliers, les
chemins de fer, l'électricité qui supprime l'espace,
ce sont là, Messieurs, non-seulement les miracles
de la civilisation moderne ; mais j'ai envie de les
honorer d'un mot encore plus grand : je dirai que
ce sont les plus grands, les plus efficaces instru-
ments de la paix. Ce sont les vrais ministères de la
paix, et pourquoi, Messieurs, employé-je cette
expression, les ministères de la paix, que j'oppose à
je ne sais combien de ministères qui ont d'autres
noms? Pourquoi! C'est que la paix est le meilleur
des gouvernements que je connaisse. C'est un gouvernement qui agit par lui-même; il n'a pas besoin
de ministres; il n'a pas besoin de tout l'attirail de la
hiérarchie administrative; il impose ses idées, ses
mœurs bienfaisantes et douces, il réunit les peu-
ples dans la même pensée, dans les mêmes sentiments, que dis-je? il crée un public qui est le
même partout, Messieurs, le même à Paris qu'il est
à Londres, le même à Londres qu'il est à Vienne,
le même aussi à Berlin, c'est possible. Eh bien? ce
public-là, le jour où il voudra être le maître, il le
sera, et ce jour-là je ne lui demanderai pas de nous
satisfaire avec des décrets, des circulaires, des ma-
nifestes. Non ! je ne lui demanderai pas de décréter

la paix perpétuelle. Je lui demanderai seulement qu'avec sa grande et forte voix il prescrive aux princes la paix de chaque jour. J'aime mieux la paix quotidienne que la paix perpétuelle.

Messieurs, je me hâte, je ne veux pas retenir trop longtemps votre attention, et j'arrive au public de nos jours. Vous me permettrez d'abord de prendre une petite précaution oratoire. Quand je parlerai du public, — je m'interromps, le public a un grand mérite : comme il est partout, il n'est nulle part, il est ici, mais il est ailleurs ; — eh bien ! quand je parlerai des mérites et des qualités du public, c'est de vous qu'il sera question ; et quand je parlerai de ses défauts, il est entendu qu'il s'agira du public du voisin.

Il y a une chose que j'estime et que j'admire profondément dans le public, c'est que, quelles que soient les idées et les passions qui, dans tel ou tel moment, entraînent et possèdent le public, l'individu, l'homme isolé, s'il est ferme et tenace, y garde la pleine indépendance de sa pensée. Je me souviens à ce propos d'une anecdote que j'ai lue dans le voyage de M. de Guibert en Allemagne. M. de Guibert était un écrivain militaire qui a eu une grande réputation dans les dernières années du xviiie siècle. M. de Guibert arrive à Berlin, il va rendre visite au grand Frédéric. Comme M. de Guibert était une des trompettes de la renommée en Europe et que le grand Frédéric soignait ce genre de musique, il voulut faire honneur à son hôte et lui proposa de lui montrer ses troupes dans une grande revue à Potsdam. Il le mène sur le champ de manœuvres, il l'y laisse seul, complétement isolé, et il ordonne à ses régiments de cavalerie et d'infanterie de le respecter comme un obstacle infranchissable qu'il faut tourner et ne jamais abattre. Les manœuvres s'effectuent avec une grande précision, la cavalerie vient tourbillonner autour de M. de Guibert. Tout le monde, après la revue, admire la merveilleuse exécution des manœuvres prussiennes ; quant à moi, je dois dire que j'admire aussi le sang-froid de M. de Guibert qui voyait passer ainsi devant lui je ne sais quel tourbillon d'armée, et restait parfaitement calme. Mais ce que j'aime surtout, Messieurs, c'est l'emblème que je trouve dans cette situation de M. de Guibert au milieu du champ de manœuvres. Croyez-moi, c'est une belle et grande chose, Messieurs, que le respect que les sociétés et les gouvernements doivent avoir pour la liberté de la pensée individuelle. C'est une grande chose qu'un individu puisse être ainsi seul au milieu des passions du public, du peuple, de la société, du gouvernement, et qu'il puisse rester isolé et solitaire, mais respecté, parce qu'il représente la loi, et qu'il est, à ce titre, infranchissable et indestructible. S'arrêter, Messieurs, s'arrêter devant la liberté du citoyen, c'est la plus grande sagesse et la plus grande prévoyance que puissent avoir les sociétés ; car celles qui ne respectent pas la liberté du citoyen isolé enseignent inévitablement à toutes les ambitions dictatoriales qui fermentent dans leur sein à ne pas respecter la liberté de la société elle-même.

Respectons donc l'individu ; c'est la force humaine sous sa forme la plus petite, la plus faible en apparence. Mais de quoi donc se compose le public, de quoi donc se compose le peuple, si ce n'est de toutes les forces individuelles qui se serrent les unes contre les autres? Ainsi, respectez l'individu et vous serez respecté vous-mêmes. La plus grande des libertés, c'est la liberté individuelle, parce que de celle-là sortent toutes les autres. Le public est profondément respectueux pour la liberté individuelle. On me dira : « Le public n'a pas grand'peine, car il ignore les libertés qu'il laisse à l'individu. » S'il y a par hasard au milieu de nous quelqu'un qui ait une pensée tout à fait différente de la nôtre, il est là parfaitement calme , parfaitement tranquille , jugeant, appréciant. tout ce que nous disons. Vous ignorez sa présence, je l'ignore comme vous, et tant mieux! car enfin si nous savions l'existence au milieu de nous de cette pensée révoltée, qui sait s'il ne nous viendrait pas la fantaisie d'être un peu despotes? Mais encore un coup, c'est là l'admirable nature du public, de ne pouvoir ni exercer ni souffrir le despotisme. Il respecte parce qu'il ignore, disent les médisans; je réponds que, par sa nature même, il est forcé de respecter. Car voyez quel travail admirable se fait entre le public et l'individu. L'individu abdiquera-t-il lâchement sa pensée? renoncera-t-il lâchement à son sentiment? Non! Si c'est une âme forte, au lieu d'abdiquer sa pensée devant ce grand public, il l'affermira par la méditation, il l'affermira par l'étude, il la développera, et peu à peu le public l'écoutera, l'entendra, étonné de cet oracle qu'il avait dans son sein, qu'il ne comprenait pas, mais qu'il n'a pas, grâce à Dieu, étouffé, parce que sa nature même le lui défendait. Ainsi peu à peu la lumière se répand; l'individu, qui était un tout à l'heure, devient plusieurs; ils étaient cinq hier... ils deviennent vingt, demain peut-être ils seront cent... si vous voulez.

Que s'est-il donc passé, Messieurs? Le public a peu à peu converti le peuple et la société légale. Et cette conversion, comment s'est-elle faite. Elle s'est faite par l'action mystérieuse de l'individu qui pense et qui parle, du peuple qui s'instruit et qui s'éclaire, par l'action enfin du public. Le public peut devenir chaque jour plus nombreux et il l'est devenu de siècle en siècle ; mais, par l'effet même de sa nature, il respectera la conscience de chacun de nous, il respectera la liberté individuelle, car c'est là qu'il prendra sa force. Le public ! grand et magnifique foyer où viennent se mêler, se fondre, se combiner toutes les forces de la nation ; admirable creuset où s'élabore la pensée générale à l'aide de la pensée individuelle ; vaste chaudière enfin où bouillonne la vapeur qui doit pousser en avant l'humanité et la conduire à ses grandes destinées.

Je vous demande la permission de résumer en quelques paroles, aussi simples que possible, les idées dont nous venons de nous entretenir.

Agrandir le cercle du public français, l'étendre sans le fausser, créer ou plutôt indiquer comment on peut créer un grand athénée populaire ; rapprocher par la communauté des goûts et des idées la diversité et l'inégalité des situations sociales ; aplanir, effacer ces misérables séparations de classes qu'entretient la routine ou le machiavélisme ; aider, aider par tous nos efforts à je ne sais combien d'éducations intellectuelles et morales qui se font dans le peuple : voilà, Messieurs, quelle est notre œuvre ;

l'œuvre à laquelle nous travaillerons en commun,
auditeurs et orateurs, avec une ardente sympathie
les uns pour les autres, avec une généreuse ambi-
tion pour l'avenir libéral de notre chère patrie.

Coulommiers. — Typogr. de A. MOUSSIN.